# COLEÇÃO
## SABORES DO MUNDO
# OVOS

CB041489

**GIRASSOL**

# OVOS À MILANESA COM LINGÜIÇA

P asse a lingüiça pelo processador. Coloque numa tigela grande com a salsa, a cebolinha e o molho de tomate e misture bem. ♣ Tempere com sal e pimenta. ♣ Passe os ovos cozidos na farinha temperada. ♣ Divida a mistura de lingüiça em quatro porções. ♣ Numa superfície polvilhada com farinha de trigo, achate cada porção num pedaço grande o suficiente para envolver os ovos. Coloque um ovo sobre uma porção de lingüiça e envolva-o cuidadosamente, formando uma bola lisa e uniforme, fechando bem. ♣ Repita com os outros ovos. ♣ Por último, passe os ovos no ovo batido, e depois na farinha de rosca. ♣ Aqueça o óleo numa frigideira funda até ficar bem quente. ♣ Frite os ovos no óleo por 8 minutos até ficarem dourados. ♣ Escorra em papel absorvente e sirva quentes.

2

| Porções: 2-4 |
| Preparo: 15 min |
| Cozimento: 30 min |
| Nível de dificuldade: 1 |

- 250 g de lingüiça toscana ou calabresa fresca sem pele
- 1 colher (sopa) de salsa bem picada
- 1 colher (chá) de cebolinha picada
- 1 colher (sopa) de molho de tomate
- sal e pimenta-do-reino a gosto
- 1 xícara (chá) de farinha de trigo, temperada com sal e pimenta
- 4 ovos cozidos
- 1 ovo pequeno batido
- farinha de rosca o suficiente
- 500 ml de óleo para fritar

# OVOS COM MAÇÃ E CURRY

Derreta a manteiga numa panela média de fundo grosso e acrescente a cebola. ♣ Frite por 4 minutos em fogo médio até ficar macia. ♣ Acrescente a maçã e cozinhe por mais 4 minutos. ♣ Polvilhe a farinha, o curry e o cominho e mexa por 3 minutos.

*Sirva com arroz e uma salada verde para obter uma refeição saudável e completa.*

♣ Adicione o caldo aos poucos, mexendo sem parar, para garantir uma textura homogênea. ♣ Cozinhe em fogo baixo por alguns minutos, retire e acrescente os ovos. ♣ Polvilhe com a salsa e sirva.

4

*Porções: 4*

*Preparo: 15 min*

*Cozimento: 15 min*

*Nível de dificuldade: 1*

- ◆ **4 colheres (sopa) de manteiga**
- ◆ **1 cebola grande bem picada**
- ◆ **1 maçã fuji sem casca cortada em cubos**
- ◆ **3 colheres (sopa) de farinha de trigo**
- ◆ **2 colheres (sopa) de curry**
- ◆ **1 colher (chá) de cominho moído**
- ◆ **2 ½ xícaras (chá) de caldo de frango quente**
- ◆ **6 ovos cozidos cortados ao meio**
- ◆ **1 colher (sopa) de salsa bem picada**

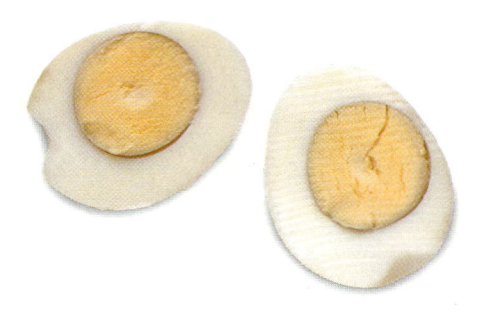

# CALDO DE CARNE COM OVOS

Prepare o caldo. Bata os ovos com uma pitada de sal e noz-moscada. Acrescente 4 colheres (sopa) de queijo parmesão e bata até ficar homogêneo. ❧ Aqueça o caldo até ferver, depois despeje a mistura de ovos. Bata com um garfo por 3 minutos em fogo médio, até o ovo começar a cozinhar e formar vários pedacinhos. ❧ Sirva imediatamente com bastante queijo ralado.

*Porções: 4*

*Preparo: 5 min + o tempo de preparo do caldo*

*Cozimento: 30 min*

*Nível de dificuldade: 1*

- ◆ **1,5 litro de caldo de carne (feito em casa ou em tabletes)**
- ◆ **5 ovos**
- ◆ **sal a gosto**
- ◆ **1 pitada de noz-moscada**
- ◆ **queijo parmesão ralado o suficiente**

# TORTILHA DE ALCACHOFRA

*Porções: 4*

*Preparo: 10 min +*
*15 min para ficar*
*de molho*

*Cozimento: 15 min*

*Nível de dificuldade: 2*

- **8 mini-alcachofras ou 16 corações de alcachofra**
- **suco de 1 limão**
- **¹/₂ xícara (chá) de farinha de trigo**
- **130 ml de azeite de oliva**
- **5 ovos grandes**
- **sal e pimenta-do-reino a gosto**

Se estiver usando mini-alcachofras frescas, corte as pontas e retire as folhas externas mais duras. Corte o talo na base, deixando cerca de 2 cm. Lave, corte em quatro e coloque numa tigela com água fria e o suco de limão por 15 minutos. ❧ Escorra bem e seque. ❧ Passe os pedaços ou corações de alcachofra na farinha, tirando o excesso. ❧ Reserve 2 colheres de azeite e aqueça o restante, numa frigideira grande em fogo alto. ❧ Frite as alcachofras por cerca de 8 minutos, ou até ficarem levemente douradas. Escorra em papel absorvente. ❧ Elimine o azeite usado para fritar e substitua pelo azeite restante. Coloque as alcachofras na frigideira e volte ao fogo médio. ❧ Bata ligeiramente os ovos com o sal e a pimenta. Despeje sobre as alcachofras. Cozinhe por cerca de 5 minutos. ❧ Vire a tortilha com o auxílio de um prato e cozinhe por mais 4 minutos. Quando estiver firme e ligeiramente dourada nos dois lados, vire sobre um prato aquecido e sirva quente.

# PATÊ DE OVOS E QUEIJO

Coloque o cream cheese numa tigela e acrescente a maionese, a mostarda, o molho inglês, a cebolinha, os ovos e o leite. Misture até ficar homogêneo. ❧ Tempere com sal e pimenta e leve à geladeira por 1 hora.

*Experimente este patê com tomates-cereja, rabanetes e cebolinhas, ou então com bolachas ou batatas chips.*

❧ Pouco antes de servir, lave e raspe as cenouras, depois corte em tiras. Retire as fibras mais duras do salsão e corte em tiras do mesmo tamanho que as cenouras. ❧ Arrume os legumes num prato grande. Passe o patê para uma tigelinha e coloque no centro do prato com os legumes. Sirva em seguida.

8

*Porções: 2-4*

*Preparo: 5 min + 1 h para gelar*

*Nível de dificuldade: 1*

- **250 g de cream cheese**
- **2 colheres (sopa) de maionese**
- **2 colheres (chá) de mostarda picante**
- **sal e pimenta-do-reino a gosto**
- **1 colher (chá) de molho inglês**
- **1 colher (sopa) de cebolinha picada**
- **2 ovos cozidos picados**
- **3 colheres (sopa) de leite**
- **4 cenouras**
- **4 talos de salsão**

# TORTA DE OVOS COM LEGUMES E BACON

Derreta a manteiga numa panela de fundo grosso em fogo baixo. Acrescente a farinha e cozinhe por 2 minutos. ❧ Retire do fogo e misture o leite. Retorne ao fogo e cozinhe, sem parar de mexer, até engrossar. ❧ Limpe os cogumelos, lave bem, e corte em fatias finas. ❧ Corte o bacon em pedaços pequenos. Frite numa frigideira pequena por 5 minutos. Escorra a gordura e reserve. ❧ Refogue a cebolinha no azeite por 5 minutos. Despeje o vinho e cozinhe até reduzir à metade. ❧ Acrescente os cogumelos, os tomates e o molho de tomate e cozinhe por 15 minutos, ou até reduzir. ❧ Tempere com sal e pimenta. ❧ Retire do fogo e junte à mistura de farinha. Deixe esfriar. ❧ Bata os ovos até espumarem e junte à mistura fria. ❧ Acrescente o queijo e o estragão e misture bem. Unte levemente duas fôrmas de pão com cerca de 28 x 10 cm. Reparta a mistura entre elas e asse em forno preaquecido a 200°C por cerca de 1 hora.

*O queijo edam tem um sabor típico, agradável e acentuado. Lembra um pouco o gouda, é semiduro e de cor amarela.*

*Porções: 8-10*

*Preparo: 45 min*

*Cozimento: 1 h*

*Nível de dificuldade: 2*

- **90 g de manteiga**
- **¹/₂ xícara (chá) + 2 colheres (sopa) de farinha de trigo**
- **250 ml de leite**
- **150 g de bacon**
- **150 g de cogumelos**
- **20 azeitonas pretas**
- **1 kg de tomates picados**
- **1 colher (sopa) de molho de tomate**
- **200 ml de vinho branco seco**
- **8 cebolinhas picadas**
- **3 colheres (sopa) de azeite de oliva**
- **1 pitada de açúcar**
- **8 ovos**
- **150 g de queijo edam ralado**
- **sal e pimenta-do-reino moída na hora a gosto**
- **20 folhas de estragão fresco**

# CREPES COM CALDO DE FRANGO

B ata os ovos numa tigela com 2 colheres (sopa) do parmesão, a salsa, o sal, a noz-moscada e um terço do leite. ❧ Misture aos poucos a farinha e o leite restante. ❧ Aqueça 1 colher de manteiga numa frigideira antiaderente e despeje 1 concha da massa. Espalhe a massa até cobrir a frigideira. ❧ Frite em fogo médio por 1 minuto. Com auxílio de uma espátula, vire para dourar do outro lado. ❧ Passe para um prato e repita a operação até acabar a massa. ❧ Polvilhe cada crepe com parmesão, enrole sem apertar e corte em tirinhas. ❧ Divida o preparado anterior em 4 pratos fundos e despeje o caldo fervente. Sirva imediatamente.

12

*Porções: 4*

*Preparo: 10 min*

*Cozimento: 20 min*

*Nível de dificuldade: 1*

- 3 ovos
- 130 g de queijo parmesão ralado
- 1 colher (sopa) de salsa bem picada
- sal a gosto
- 1 pitada de noz-moscada
- 180 ml de leite
- 1 ⅓ xícara (chá) de farinha de trigo
- 4 colheres (sopa) de manteiga
- 5 xícaras (chá) de caldo de frango fervente

# OVOS MEXIDOS À MODA MEXICANA

*Porções: 8*

*Preparo: 10 min*

*Cozimento: 10 min*

*Nível de dificuldade: 1*

- ◆ **130 ml de azeite de oliva**
- ◆ **18 ovos grandes**
- ◆ **2 pimentinhas verdes bem picadas**
- ◆ **1 cebola branca bem picada**
- ◆ **6 colheres (sopa) de salsa bem picada**
- ◆ **sal a gosto**
- ◆ **3 xícaras (chá) de feijão-roxinho cozido**

Aqueça o azeite numa frigideira grande. ❧ Bata os ovos até espumarem, depois acrescente as pimentas, a cebola, a salsa e o sal. ❧ Despeje a mistura no azeite quente, mexendo com um garfo para que os ovos fiquem macios e fritem por igual. Coloque o feijão num prato e os ovos mexidos por cima. Sirva quente.

13

# OVOS COZIDOS À MODA CAIPIRA

Misture o manjericão, a salsa, as alcaparras e as azeitonas numa tigela. Acrescente o parmesão e a farinha de rosca. Adicione o vinho aos poucos. ❧ Junte a pimenta e misture o azeite aos poucos. A mistura deve ficar encorpada e cremosa. ❧ Coloque os ovos num prato, com as gemas para cima. Coloque colheradas da mistura sobre os ovos e sirva.

14

*Porções: 6*

*Preparo: 10 min*

*Nível de dificuldade: 1*

- ◆ **8 folhas de manjericão bem picadas**
- ◆ **3 colheres (sopa) de salsa bem picada**
- ◆ **2 colheres (sopa) de alcaparras bem picadas**
- ◆ **150 g de azeitonas verdes sem caroço bem picadas**
- ◆ **150 g de queijo parmesão ralado na hora**
- ◆ **3 colheres (sopa) de farinha de rosca**
- ◆ **150 ml de vinho branco seco**
- ◆ **pimenta-do-reino a gosto**
- ◆ **4 colheres (sopa) de azeite de oliva**
- ◆ **12 ovos cozidos cortados ao meio**

# OMELETE SIMPLES

Numa tigela pequena, bata vigorosamente com um garfo os ovos, a água, o sal e a pimenta. ❧ Coloque a manteiga numa frigideira antiaderente e leve ao fogo alto. ❧ Quando a manteiga estiver borbulhando, despeje os ovos. ❧ Levante as bordas da mistura com o garfo, ao redor da frigideira, para que a parte crua frite. ❧ Continue fazendo isso até o omelete ficar firme. ❧ Coloque o garfo sob um dos lados e dobre o omelete ao meio, depois passe para um prato aquecido. ❧ Decore com a salsa e sirva imediatamente.

16

*Este prato simples é perfeito para qualquer hora do dia. Sirva com uma salada e terá um almoço nutritivo.*

| | |
|---|---|
| *Porções:* | 1 |
| *Preparo:* | 3-4 min |
| *Cozimento:* | 3-4 min |
| *Nível de dificuldade:* | 1 |

- ◆ 2 ovos
- ◆ 1 colher (sopa) de água fria
- ◆ sal e pimenta-do-reino a gosto
- ◆ 1 colher (sopa) de manteiga
- ◆ 1 ramo de salsa picado

# SUFLÊ FÁCIL DE OVOS E QUEIJO

Porções: 4

Preparo: 10 min

Cozimento: 40 min

Nível de dificuldade: 1

- ◆ **4 ovos separados**
- ◆ **300 ml de leite morno**
- ◆ **1 colher (sopa) de manteiga derretida**
- ◆ **1 colher (sopa) de mostarda**
- ◆ **2 pãezinhos esmigalhados**
- ◆ **130 g de queijo cheddar ou emmenthal ralado**
- ◆ **sal e pimenta-do-reino a gosto**
- ◆ **50 g de queijo gruyère ralado fino**

Numa tigela grande, bata ligeiramente as gemas. ❧ Acrescente o leite, a manteiga e a mostarda e misture bem. ❧ Junte as migalhas de pão e o queijo cheddar ou emmenthal. Tempere com o sal e a pimenta. ❧ Bata as claras em neve com uma pitada de sal e incorpore à mistura. ❧ Despeje a mistura numa fôrma para suflê untada com manteiga e polvilhada com queijo gruyère. Asse a 180°C por 30-40 minutos, ou até que esteja bem crescido, dourado em cima e firme no meio. ❧ Sirva imediatamente.

# OVINHOS DIVERTIDOS

Corte a base de cada ovo, para que possam ficar firmes. ♣ Espalhe a maionese em um prato. Coloque os ovos sobre a maionese, não muito próximos. ♣ Corte os tomates ao meio, retire a polpa e as sementes, e use as metades para pôr um "chapéu" em cada ovo. ♣ Faça pingos de maionese nos "chapéus" de tomate, imitando cogumelos. ♣ Distribua a salsa sobre a maionese. ♣ Decore com os pedaços de pimentão e mini-pepinos, imitando flores. ♣ Leve à geladeira por 30 minutos antes de servir.

*Porções: 3-6*

*Preparo: 20 min + 30 min para gelar*

*Nível de dificuldade: 1*

- **6 ovos cozidos descascados**
- **1 vidro pequeno de maionese**
- **3 tomates tipo italiano (alongado)**
- **6 colheres (sopa) de salsa bem picada**
- **$1/4$ de pimentão vermelho e $1/4$ de pimentão amarelo cortados em forma de balõezinhos**
- **6 mini-pepinos em conserva fatiados**

# Ovos

Os ovos são nutritivos e versáteis, contém vitaminas, minerais, gorduras e proteína completa. A gema contém a maior parte da proteína e todas as gorduras, vitaminas e minerais; a clara é formada de água e um pouco de proteína. Os ovos podem ser cozidos, escaldados (pochês), fritos, mexidos ou transformados em omeletes e servidos como uma refeição completa, mas também são ingredientes importantes de uma enorme variedade de pratos, desde entradas, petiscos e desjejuns altamente energéticos, até sobremesas, biscoitos e bolos. Na cozinha, os ovos podem ser usados para ligar os ingredientes (como nas almôndegas e croquetes), ou para fazer certos ingredientes grudarem, como a farinha de rosca. Podem ser pincelados em pães ou bolos para que fiquem dourados e brilhantes. São eficientes no crescimento, como por exemplo em bolos e sobremesas como o suspiro, que levam claras em neve, e também podem ser usados para engrossar molhos.

## UMA QUESTÃO DE SAÚDE

Apesar de seu valor nutricional, versatilidade e sabor delicioso, os ovos tiveram sua reputação afetada nos últimos anos, no que diz respeito à saúde. Há alguns anos, seu consumo foi desaconselhado até mesmo para pessoas saudáveis, por causa de seu alto teor de colesterol. Recentemente, esta posição foi reavaliada e hoje as autoridades de saúde consideram seguro o consumo de até 4 ovos por semana. Uma parcela minúscula dos ovos são infectados com uma bactéria chamada Salmonella enteritidis, que pode causar sérias doenças e até a morte em pessoas cujo sistema imunológico já esteja fraco. O risco é muito pequeno, mas pode ser totalmente eliminado se os ovos consumidos forem aquecidos a 54°C.

Há um modo simples de avaliar se o ovo é novo ou velho, mesmo sem quebrá-lo. Basta imergi-los em água. Se forem velhos, vão flutuar. Não compre ovos com a casca lisa e com certo brilho, é sinal de que já estão velhos. Os novos tem a casca áspera e fosca.

## Tortilha de siri

- ◆ ¹/₂ xícara (chá) de farinha de trigo
- 450 g de carne de siri desfiada grosseiramente
- 130 ml de azeite de oliva
- 8 ovos
- sal e pimenta-do-reino a gosto

Passe levemente na farinha a carne de siri. Aqueça metade do azeite numa frigideira antiaderente e frite a carne por cerca de 5 minutos. Bata os ovos numa tigela com o sal e a pimenta, depois acrescente a carne preparada e misture bem. Aqueça o azeite restante na frigideira usada para fritar a carne e despeje a mistura de ovos. Frite por mais 5 minutos. Vire a tortilha com cuidado e frite por mais 4 minutos. Ela deve ficar firme e levemente dourada dos dois lados. Passe para uma travessa aquecida e sirva quente.

## Tamanho e peso dos ovos

Os ovos de galinha são os mais usados na culinária (os pesos e categorias a seguir aplicam-se a eles) e costumam ser classificados segundo o tamanho e a cor da casca. A legislação brasileira classifica os ovos de acordo com o peso, da seguinte maneira:

| Tamanho do ovo | Peso |
|---|---|
| Jumbo | Acima de 66 g |
| Extra | De 60 a 65 g |
| Grande | De 55 a 59 g |
| Médio | De 50 a 54 g |
| Pequeno | De 45 a 49 g |

Todas as quantidades usadas nas receitas deste livro baseiam-se no uso de ovos extra (60 g).

# FRITADA ASSADA COM ERVAS

Porções: 4

Preparo: 15 min

Cozimento: 20 min

Nível de dificuldade: 1

- ◆ **2 colheres (sopa) de manteiga derretida**
- ◆ **100 g de presunto magro bem picado**
- ◆ **2 tomates sem pele fatiados**
- ◆ **6 ovos**
- ◆ **$1/2$ xícara (chá) de leite ou creme de leite**
- ◆ **sal e pimenta-do-reino a gosto**
- ◆ **2 colheres (sopa) de ervas finas e frescas bem picadas**

Unte com a manteiga uma travessa refratária média. ❧ Coloque o presunto e os tomates no fundo e asse em forno preaquecido a 200°C por cerca de 4 minutos. ❧ Quebre os ovos numa tigela, adicione o leite ou creme de leite, o sal, a pimenta e as ervas, e bata ligeiramente. ❧ Retire a travessa do forno e despeje com cuidado a mistura de ovos sobre o presunto e os tomates. Asse por 20 minutos ou até ficar firme. ❧ Sirva assim que tirar do forno com torradas triangulares quentes e amanteigadas.

*Este prato pode ser servido no café da manhã, ou como uma refeição leve, acompanhado de uma salada verde.*

Porções: 4

Preparo: 10 min +
  4 h para gelar

Cozimento: 10-15 min

Nível de dificuldade: 1

- **200 g de tofu duro em cubos**
- **4 cebolinhas brancas em rodelas**
- **1 dente de alho bem picado**
- **$1/_2$ colher (chá) de pimenta-malagueta em flocos**
- **1 colher (sopa) de molho de soja light**
- **1 colher (sopa) de suco de limão**
- **2 colheres (sopa) de azeite de oliva**
- **400 g de mini-espigas de milho em conserva**
- **1 talo de salsão**
- **1 pimentão vermelho pequeno**
- **4 ovos cozidos cortados em quatro**
- **salsa para decorar**

# SALADA DE OVOS COM TOFU

Coloque o tofu numa travessa. ❧ Misture as cebolinhas, o alho, a pimenta, o molho de soja e o suco de limão numa tigelinha. Envolva bem e despeje sobre o queijo. Cubra a travessa e leve à geladeira por 4 horas. ❧ Escorra o tofu, reservando a marinada. ❧ Corte as mini-espigas em quatro, no sentido do comprimento. Corte o salsão e o pimentão em tiras. ❧ Aqueça o azeite numa frigideira grande e frite o tofu até dourar todos os lados. Retire da frigideira. ❧ Coloque o milho, o salsão e o pimentão na panela e refogue, mexendo sempre, por 2 minutos. ❧ Acrescente a marinada e o tofu, e cozinhe até esquentar todos os ingredientes. ❧ Transfira para um prato e coloque os ovos por cima. Polvilhe com salsa e sirva.

23

# FRITADA PICANTE DE BRÓCOLIS

Limpe o brócolis. Corte o talo em cubinhos e separe em pequenos buquês. Cozinhe em água fervente com sal até ficar macio, mas ainda crocante. Escorra bem e reserve. ✿ Misture os ovos, o molho de soja, as pimentas, os amendoins e a salsa numa tigela com o brócolis. ✿ Aqueça o azeite numa frigideira antiaderente grande. Refogue o alho e as cebolinhas até ficarem macios. ✿ Despeje a mistura de ovos e mexa bem. Tampe e frite em fogo médio até o fundo da fritada ficar levemente dourado. ✿ Com o auxílio de uma espátula, vire com cuidado e doure do outro lado. Sirva em seguida.

*Porções: 4*

*Preparo: 10 min*

*Cozimento: 25 min*

*Nível de dificuldade: 1*

- **300 g de brócolis**
- **5 ovos**
- **3 colheres (chá) de molho de soja light**
- **2 pimentas-malaguetas médias bem picadas**
- **60 g de amendoins torrados bem picados**
- **4 colheres (sopa) de salsa bem picada**
- **2 colheres (sopa) de azeite de oliva**
- **2 dentes de alho bem picados**
- **6 cebolinhas verdes bem picadas**

# OVOS RECHEADOS COM PIMENTÃO

Numa frigideira, coloque os pimentões, a cebola, o alho, a salsa, o manjericão, uma pitada de sal e o azeite. Refogue em fogo médio. 🍃 Enquanto isso, retire a pele dos tomates. Ferva uma panela grande de água. Mergulhe os tomates na água por 30 segundos, depois transfira para água fria. Retire a pele manualmente. 🍃 Corte os tomates em cubinhos e acrescente ao preparado de pimentões. Cozinhe até engrossar. 🍃 Acrescente o vinagre e o açúcar, e misture bem. Tempere com sal e pimenta. 🍃 Retire do fogo e deixe esfriar. 🍃 Descasque os ovos cozidos e corte em metades. 🍃 Retire as gemas, amasse e acrescente aos pimentões. Misture bem. 🍃 Recheie os ovos com a mistura e arrume num prato. Se sobrar refogado de pimentões, despeje por cima (ou sirva sobre fatias de pão torrado junto com os ovos). 🍃 Leve os ovos à geladeira por pelo menos 30 minutos antes de servir.

*Porções: 4-6*

*Preparo: 10 min + 30 min para gelar*

*Cozimento: 25-30 min*

*Nível de dificuldade: 1*

- **1 pimentão amarelo e 1 vermelho bem picados**
- **2 cebolas brancas bem picadas**
- **2 dentes de alho bem picados**
- **1 colher (sopa) de salsa bem picada**
- **1 colher (sopa) de manjericão fresco bem picado**
- **sal e pimenta-do-reino a gosto**
- **2 colheres (sopa) de azeite oliva**
- **6 tomates**
- **$1/2$ colher (sopa) de vinagre**
- **$1/2$ colher (sopa) de açúcar**
- **6 ovos cozidos**

# ÓVOS COM ASPARGOS GRATINADOS

ozinhe os aspargos em água fervente com sal por 10 minutos, ou até ficarem macios. ❧ Escorra, reservando a água do cozimento. ❧ Frite levemente o bacon e reserve. ❧ Derreta a manteiga numa panela pequena e adicione a farinha e a mostarda. Mexa por alguns minutos em fogo médio. ❧ Acrescente ao leite a água dos aspargos reservada até completar 500 ml. Misture aos poucos à panela, mexendo sempre. ❧ Tempere com sal e pimenta. Acrescente metade do queijo e cozinhe por 2-3 minutos. ❧ Coloque os aspargos numa travessa refratária. ❧ Corte os ovos cozidos em quatro e coloque sobre os aspargos. ❧ Espalhe o bacon e despeje o molho por cima. ❧ Misture o queijo restante com a farinha de rosca e espalhe por cima de tudo. ❧ Asse em forno preaquecido a 150°C por 25-30 minutos, até a cobertura ficar dourada.

*Porções: 4*
*Preparo: 10 min*
*Cozimento: 30-35 min*
*Nível de dificuldade: 1*

- **1 maço de aspargos sem as pontas**
- **2 fatias de bacon picadas**
- **1 $1/2$ colher (sopa) de manteiga**
- **2 colheres (sopa, cheias) de farinha de trigo**
- **$1/2$ colher (chá) de mostarda em pó**
- **180 ml de leite morno**
- **130 g de queijo prato ralado**
- **sal e pimenta-do-reino a gosto**
- **6 ovos cozidos**
- **2 colheres (sopa) de farinha de rosca**

# ÓVOS CRÉMOSOS COM TORRADAS

Porções: 4

Preparo: 10 min

Cozimento: 10 min

Nível de dificuldade: 1

- ◆ 1 ¹/₂ **colher (sopa) de manteiga**
- ◆ 1 **cebola pequena bem picada**
- ◆ 2 **colheres (sopa, cheias) de farinha de trigo**
- ◆ 1 **litro de leite morno**
- ◆ **sal e pimenta-do-reino a gosto**
- ◆ 6 **ovos cozidos descascados**
- ◆ 1 **colher (sopa) de salsa bem picada**

D erreta a manteiga numa panela pequena em fogo médio. ❧ Frite a cebola por 4 minutos, sem deixar dourar. Acrescente a farinha e mexa com uma colher de pau por cerca de 1 minuto, para "cozinhar" a mistura. ❧ Acrescente o leite aos poucos, sem parar de mexer, para não formar grumos. ❧ Tempere com sal e pimenta e cozinhe por mais 3 minutos após a última adição de leite. ❧ Corte os ovos em metades ou quartos e acrescente ao molho, com cuidado para não quebrar. ❧ Transfira para pratos aquecidos. Polvilhe com a salsa. ❧ Sirva quente, acompanhado de torradas quentes amanteigadas.

29

# TORTILHA DE MOSTARDA

A fervente a mostarda com sal por alguns minutos, até ficar macia. Escorra bem, esprema para tirar o excesso de água, e pique grosseiramente. ❧ Quebre os ovos numa tigela, bata um pouco com um garfo e tempere com sal e pimenta. Acrescente o queijo, depois o presunto picado e a mostarda. ❧ Numa frigideira antiaderente grande, aqueça o azeite em fogo médio. Despeje a mistura de ovos e frite até ficar dourada embaixo. ❧ Para virar a tortilha, coloque um prato grande sobre a frigideira, vire-a, depois deslize a tortilha de volta à frigideira, com a parte dourada para cima. Cozinhe por mais 4 minutos. ❧ Depois de pronta, passe a tortilha para uma travessa aquecida e sirva imediatamente.

*Porções: 2-4*

*Preparo: 5 min*

*Cozimento: 20 min*

*Nível de dificuldade: 1*

- ◆ ¹/₂ **maço de mostarda tenra bem lavada**
- ◆ **6 ovos crus grandes**
- ◆ **sal e pimenta-do-reino a gosto**
- ◆ **50 g de queijo parmesão ralado na hora**
- ◆ **3 fatias de presunto cru**
- ◆ **4 colheres (sopa) de azeite de oliva**

# MAIONESE CASEIRA

**C**oloque as gemas e o ovo no liquidificador, acrescente a mostarda, o sal, a pimenta e o vinagre. 🦋 Bata um pouco até ficar cremoso, e depois, com o motor funcionando, acrescente o óleo bem devagar no início, depois com um fio contínuo. 🦋 Se ficar muito grosso, acrescente um pouco mais de óleo para deixar na consistência certa. 🦋 Guarde na geladeira, num pote tampado.

32

*Porção: 2 xícaras*

*Preparo: 10 min*

*Nível de dificuldade: 1*

- ◆ **2 gemas + 1 ovo inteiro**
- ◆ **3 colheres (chá) de mostarda de boa qualidade**
- ◆ **$^1/_2$ colher (chá) de sal**
- ◆ **pimenta-do-reino a gosto**
- ◆ **2 colheres (sopa) de vinagre de estragão**
- ◆ **2 xícaras (chá) de óleo de girassol**

# CANAPÉS DE OVOS RECHEADOS

*Porções: 2-4*

*Preparo: 10 min*

*Nível de dificuldade: 1*

- ◆ **4 ovos cozidos descascados**
- ◆ **2 colheres (sopa) de creme de leite**
- ◆ **2 colheres (sopa) de ervas frescas bem picadas**
- ◆ **4 colheres (sopa) de maionese**
- ◆ **sal e pimenta-do-reino a gosto**
- ◆ **1 pitada de páprica**
- ◆ **folhas de alface é rodelas de tomate para decorar**

Corte os ovos em metades. ❦ Retire as gemas, com cuidado para não quebrar as claras. ❦ Misture as gemas com o creme de leite, as ervas, a maionese, o sal e a pimenta, e amasse com um garfo. ❦ Use uma colher de chá para colocar o recheio nas claras. Polvilhe um pouco de páprica em cada ovo para dar um colorido a mais. ❦ Lave as folhas de alface, seque bem, e arrume numa travessa. Coloque os ovos na travessa, junto com as rodelas de tomate.

33

# SUSPIROS

Acrescente uma pitada de sal às claras e comece a bater, usando a batedeira. ❧ Quando começarem a ficar firmes, acrescente metade do açúcar aos poucos, depois aumente a velocidade da batedeira e incorpore o açúcar restante, em pequenas quantidades. ❧ Continue batendo até a mistura ficar bem firme, depois transfira para um saco de confeiteiro com bico comum ou pitanga. ❧ Forre uma assadeira com papel-manteiga e coloque porções da mistura, deixando cerca de 5 cm entre elas. ❧ Polvilhe levemente com açúcar e asse em forno preaquecido a 120°C por cerca de 50 minutos. ❧ Assar os suspiros é uma operação delicada. Eles devem secar, mas sem ficar dourados, por isso uma boa dica é deixar uma fresta aberta na porta do forno enquanto estiverem assando.

*Porção: 12 suspiros*
*Preparo: 20 min*
*Cozimento: 1 h*
*Nível de dificuldade: 1*

- **1 pitada de sal**
- **3 claras**
- **200 g de açúcar de confeiteiro**
- **açúcar para polvilhar nos suspiros**

## Sugestão

MASSA QUENTE PARA SUSPIRO: os ingredientes e o método são iguais aos da receita acima, mas as claras e o açúcar são misturados em banho-maria e batidos sobre água morna até ficarem com bastante volume.

# ROCAMBOLE DE SUSPIRO COM KIWI

Unte uma assadeira com cerca de 26 x 16 cm e forre com papel-manteiga. ♠ Bata as claras em neve. ♠ Adicione o açúcar aos poucos, batendo sem parar até a mistura engrossar. ♠ Incorpore o açúcar de confeiteiro, o amido de milho, o vinagre e bata mais um pouco. ♠ Transfira a mistura para a assadeira e alise a superfície. ♠ Asse a 180°C por 30 minutos. ♠ Deixe esfriar. ♠ Passe o suspiro para um papel impermeável, retirando com cuidado o papel manteiga. ♠ Espalhe o creme de leite batido sobre o suspiro e distribua os pedaços de kiwi. ♠ Enrole como um rocambole e coloque numa travessa. Sirva.

*Esta é uma sobremesa muito elegante para um jantar. Experimente também com morangos ou outras frutas.*

---

*Porções: 4*

*Preparo: 20 min*

*Cozimento: 30 min*

*Nível de dificuldade: 2*

---

- ♦ 3 claras
- ♦ 1 xícara (chá) de açúcar
- ♦ 1 colher (sopa) de açúcar de confeiteiro peneirado
- ♦ 1 colher (chá) de amido de milho
- ♦ 2 kiwis descascados e picados
- ♦ 300 ml de creme de leite fresco batido
- ♦ 1 colher (café) de vinagre

# ZABAIONE

Numa panela, coloque as gemas, o açúcar e mexa bem com uma colher de pau, sempre na mesma direção, até obter um creme fofo e esbranquiçado. ❧ Acrescente o vinho aos poucos, sem parar de mexer, depois leve ao banho-maria e cozinhe por 5 minutos ou até a mistura engrossar. ❧ Mantenha o fogo baixo, para o zabaione não ferver e talhar. ❧ Sirva quente ou frio. Se quiser servir frio, cubra com filme plástico a superfície, para evitar a formação de uma película quando a mistura esfriar.

*Porções: 4*

*Preparo: 5 min*

*Cozimento: 10 min*

*Nível de dificuldade: 1*

- ◆ **4 gemas**
- ◆ **5 colheres (sopa, cheias) de açúcar**
- ◆ **6 colheres (sopa) de vinho Marsala ou Moscatel**

# PUDIM CREMOSO DE COCO

Porções: 4

Preparo: 10 min

Cozimento: 1 hora

Nível de dificuldade: 1

- ◆ **3 ovos + 1 gema**
- ◆ **5 colheres (sopa) de açúcar**
- ◆ **¹/₂ colher (chá) de essência de amêndoas**
- ◆ **500 ml de leite de coco**
- ◆ **150 ml de leite**
- ◆ **creme de leite a gosto (opcional)**

Coloque os ovos, a gema, o açúcar e a essência de amêndoas numa tigela grande e bata bem. ❧ Aqueça o leite de coco junto com o leite até amornar. ❧ Distribua esta mistura sobre os ovos bem devagar, sem parar de bater. ❧ Despeje o preparado anterior numa travessa refratária e coloque-a numa assadeira com água até a metade da altura da travessa. ❧ Asse a 170°C por 1 hora, ou até o pudim ficar firme. ❧ Sirva morno ou frio, com creme de leite se desejar.

*Esse pudim cremoso proporciona uma sensação suave e agradável ao paladar!*

# COLEÇÃO
# SABORES DO MUNDO

Copyright © McRae Books Srl, 2002
Criado, editado e desenvolvido por McRae Books, Florença, Itália

Publicado no Brasil por
Girassol Brasil Edições Ltda.
Avenida Ceci, 608 – B-12
Tamboré – Barueri – SP – 06460-120
**E-mail: leitor@girassolbrasil.com.br**
**Site: www.girassolbrasil.com.br**

Todos os direitos reservados
Impresso no Brasil

Editora da coleção: Anne McRae
Texto: Mollie Thomson, Carla Bardi
Tradução: Maria Luisa de Abreu Lima Paz
Consultoria: Regina Reis
Fotografia: Marco Lanza, Walter Mericchi, Gianni Petronio
Cenários: Rosalba Gioffrè
Projeto visual: Marco Nardi
Diagramação e recortes: Laura Ottina, Filippo Delle Monache

Os editores gostariam de agradecer a Mastrociliegia (Fiesole), Eugenio Taccini
(Montelupo Fiorentino) e Maioliche Otello Dolfi (Camaioni Montelupo) por sua
colaboração durante a produção deste livro.

Sobre o fotógrafo:

**Marco Lanza**

Nascido em Florença em 1957, Marco Lanza é fotógrafo de culinária desde o início dos anos 90. Publicou *Florence Gourmande* (1995), *Pastissima!* (1996), *Verdure!* (1997), *Antipasti!* (1997), *Pizza, pane, focacce!* (1998), *Zuppe, risotti, polenta!* (1998), *Carne!* (1998), *Dolci e frutta!* (1998), *Pesce!* (1999), *Flavours of Tuscany* (1999), *Flavours of Sicily* (1999), *Flavours of Piedmont* (1999), *Flavours of Emilia Romagna* (1999), *Flavours of Rome* (2000), *Flavours of Venice* (2000).